„Wie kann man Papier nur in so feine und gleichmäßige Falten legen, ist das nicht sehr schwierig?", werden Sie vielleicht fragen. Aber schwierig ist es gar nicht. Für die Faltung gibt es ein System, damit geht es ganz einfach. Und schnell entstehen zauberhaft plissierte Blüten für vielseitige Dekorationen im Haus und im Garten. Eine ganz besondere Wirkung haben sie am Fenster oder als Lichter für stimmungsvolle Sommerabende. Bunte Mobiles und außergewöhnliche Tischdekorationen sind ein Blickfang in jedem Zimmer. Auch als Geschenk für liebe Freunde sind die Blüten hervorragend geeignet. Wagen Sie es – ich wünsche Ihnen viel Freude beim Falten!

Ihre Margarete Vogelbacher

Fröhliche Blumengirlande

ein Schmuckstück für jede Party

VORAUSSETZUNG

Fächerfaltung Rechteck

MATERIAL

* Transparentpapier extrastark in Orange, Grün und 5 x Weiß-Bunt, je A4 (Set „Jasmin")
* Fotokartonrest in Weiß
* Nylonfaden, 1,70 m lang

ZUSCHNITT

* 4 Rechtecke in Weiß-Bunt, A4
* Rechteck in Gelb und Grün, A4
* 8 Kreise aus Fotokarton, ø 4 cm
* 8 Kreise in Weiß-Bunt, ø 4 cm

1 Die Kreise in Weiß-Bunt auf die Kreise aus Fotokarton kleben und zur Seite legen. Die Rechtecke von der Papiervorderseite aus beginnend zunächst der Länge nach in der Mitte falten. Dann quer dazu in 16 Falten legen und an den Längsmittelfalten auseinanderschneiden.

2 Die weiß-bunten Faltenbänder in je zwei Stücke mit acht Falten, die grünen und gelben in je vier Stücke mit vier Falten teilen und die Blattformen rund schneiden. Bei den weiß-bunten 3 cm, bei den grünen und gelben 5 cm von der unteren Kante entfernt den Schnitt ansetzen.

3 Jeweils vier der Blütenblätter in Weiß-Bunt abwechselnd mit vier Blättern in Grün oder Gelb jeweils eine Falte überlappend aneinanderkleben und ringförmig schließen. Die Falten zunächst eng zusammendrücken, dann blütenartig auffächern.

4 Strahlenförmig flach ausgebreitet mit der Vorderseite nach unten auf die weiße Rückseite der weiß-bunten Kreise kleben. Die Mitte während der nächsten Minuten immer wieder eng zusammenschieben, bis sich die Falten nicht mehr so stark ausdehnen.

5 Nun die Blüten im Abstand von ca. 8 cm mit der Rückseite nach oben auf die Arbeitsfläche legen. Den Nylonfaden darüber legen. Die restlichen Kreise jeweils auf der Blütenmitte mit reichlich UHU extra festkleben und dabei den Nylonfaden etwas oberhalb der Kreismitte dazwischen befestigen. Gut trocknen lassen.

Hinweis: Wird die Girlande im Freien verwendet, achten Sie bitte darauf, sie nicht im Regen hängen zu lassen, da die verwendeten Papiere nicht wasserfest sind.

Teelichter mit Tupfen

auch toll als Geschenk geeignet

VORAUSSETZUNG
Fächerfaltung Kreis

MATERIAL

* Transparentpapier extrastark in Weiß und 4 x Rot mit weißen Tupfen, je A4 (Set „Jasmin")
* Fotokartonrest in Weiß
* Motivstanzer: Herz, ø 1 cm
* Bürolocher
* transparentes Doppelklebeband, 6 mm breit
* Teelichthalter aus Glas, 10 cm x 10 cm x 10 cm
* Teelichthalter aus Glas, 7,5 cm x 7,5 cm x 7,5 cm
* Teelicht, ø 6 cm
* Teelicht, ø 4 cm

ZUSCHNITT

GROSSES TEELICHT

* 8 Kreise in Rot mit weißen Tupfen, ø 10 cm
* 2 Streifen in Weiß, 4 cm x 21cm
* 2 Streifen in Rot mit weißen Tupfen, 2 cm x 21 cm
* 16 Herzen aus Fotokarton
* 4 kleine Kreise aus Fotokarton, mit dem Bürolocher gestanzt

KLEINES TEELICHT

* 8 Kreise in Rot mit weißen Tupfen, ø 7 cm
* 2 Streifen in Weiß, 3 cm x 16 cm
* 2 Streifen in Rot mit weißen Tupfen, 2 cm x 16 cm
* 4 kleine Kreise aus Fotokarton, mit dem Bürolocher ausgestanzt

1 Die Streifen in Rot an wenigen Punkten mittig auf den Streifen in Weiß befestigen. In der Mitte jeder Teelichtseite ein kleines Stück Doppelklebeband anbringen, die Streifen um das Teelicht herumlegen und andrücken. Die Überstände aufeinanderkleben.

2 Die Kreise von der Papiervorderseite aus beginnend in vier Falten legen. Dafür Schritt 3 der Basisanleitung bereits mit vier Flächen ausführen. Die Tupfen werden gleichmäßig verteilt, wenn sie bei der ersten Faltung in parallelen Linien senkrecht liegen.

3 Die gefalteten Kreise in der Mitte knicken und die Blätter auffächern. Je zwei Doppelblätter am Knick aneinanderkleben und antrocknen lassen. Danach bei den kleinen Blüten die kleinen Kreise, bei den großen Blüten je vier Herzen in Kleeblattform mit je einem der vier Kreise als Mittelstück auf den Vorderseiten befestigen.

4 Die Blüten auf den Streifen festkleben und die Teelichte einsetzen.

Mein Tipp für Sie

So geht's auch Statt die einzelnen Herzen zu einem Kleeblatt zusammenzusetzen, können Sie auch einen Kleeblatt-Motivlocher verwenden. Schneiden Sie dann jeweils den Kleeblattstängel vorsichtig mit einer spitzen Schere ab. Motivlocher gibt es im Hobbyfachhandel in großer Auswahl. Auch andere Ausstanzungen sind für dieses Modell gut denkbar. Wählen Sie einfach Ihr Lieblingsmotiv aus!

Eine exakte Anordnung der Blätter übereinander ergibt ein schönes Bild.

Die Rosetten erhalten durch das Aufkleben auf einen Kreis aus Fotokarton die notwendige Stabilität.

Farbenfrohe Blumenstecker

die blühen zu jeder Jahreszeit

VORAUSSETZUNG
Fächerfaltung Rechteck

MATERIAL
* Transparentpapier extrastark in Hellblau, Blau marmoriert, Gelb und Gelb marmoriert, je 50 cm x 70 cm
* Fotokartonreste in Weiß
* 2 Holzstäbchen, ø 3 mm, 30 cm lang

ZUSCHNITT PRO BLÜTE IN GELB
BLÜTENBLÄTTER
* 6 Rechtecke in Gelb, 8 cm x 16 cm
* 6 Rechtecke in Gelb marmoriert, 6 cm x 12 cm

ROSETTE
* Rechteck in Gelb, 3 cm x 8 cm
* 2 Kreise aus Fotokarton, ø 3 cm

Hinweis: Für die Blüte in Blau marmoriert und die einfarbigen Blüten benötigen Sie die Zuschnitte in den entsprechenden Farben.

1 Die Rechtecke für die Blütenblätter von der Papiervorderseite aus beginnend in acht Falten legen und die Blattformen rund schneiden. Die sechs Blütenblätter in Gelb jeweils eine Falte überlappend aneinanderkleben und ringförmig schließen. Die Falten eng zusammendrücken, danach an den Blattrundungen auffächern und flach ausgebreitet mittig auf einen der Kreise kleben. Die Falten zur Mitte schieben und einige Minuten festhalten, bis sie sich nicht mehr so stark ausdehnen. Auf der Oberseite den zweiten Kreis befestigen.

2 Die gelb marmorierten Blütenblätter an der Rundung etwas auffächern. Die Falten auf der Rückseite der unteren Blattkante mit Klebstoff einstreichen, etwas zusammendrücken und leicht schräg angehoben um den Kreis herum auf die größeren einfarbigen Blütenblätter kleben. Dabei die acht Falten der marmorierten Blätter über die sechs nicht überlappenden Falten der einfarbigen Blätter verteilen. Die marmorierten Blütenblätter etwas unter den Kreis schieben.

3 Das Rechteck für die Rosette der Länge nach in der Mitte falten, quer dazu in acht Falten legen und an der Längsmittelfalte auseinander schneiden. Die beiden Faltenbänder eine Falte überlappend aneinanderkleben und ringförmig schließen. Strahlenförmig flach ausgebreitet auf den Kreis in der Blütenmitte kleben. Die Falten zur Mitte schieben und festhalten, bis sie sich nicht mehr ausdehnen.

4 In einer Falte auf der Rückseite der Blüte das Holzstäbchen befestigen.

5 Für die Blüte in Blau marmoriert und die einfarbigen Blüten die Schritte 1 bis 4 mit den entsprechenden Papieren wiederholen.

Raffinierter Tafelschmuck

reizvolle Tischdeko für viele Anlässe

VORAUSSETZUNG
Fächerfaltung Quadrat diagonal
Fächerfaltung Rechteck

MATERIAL
PRO BLÜTE

* Transparentpapier extrastark in Rosa und 2 x Rosa kariert (Set „Rosalie") sowie Weiß, je A4
* Fotokartonrest in Weiß

ZUSCHNITT
PRO BLÜTE

* Quadrat in Rosa kariert, 20 cm x 20 cm
* Quadrat in Rosa kariert, 15 cm x 15 cm
* 6 Rechtecke in Weiß, 5 cm x 10 cm
* 6 Rechtecke in Weiß, 4 cm x 10 cm
* 4 Rechtecke in Rosa, 3,5 cm x 10 cm
* Streifen in Rosa kariert, 1 cm x 4 cm

ROSETTE
für die Blütenunterseite

* Rechteck in Weiß, 3 cm x 15 cm
* Kreis aus Fotokarton, ø 3 cm

1 Die Quadrate und Rechtecke für die Blüte von der Papiervorderseite aus beginnend falten. Die Quadrate diagonal in 16 Falten legen. Die Rechtecke in acht Falten legen und die Blattformen rund schneiden.

2 Das größere Quadrat an der senkrechten Diagonalfalte sehr eng zusammenfalten und den kleinen Streifen darum kleben. Das kleinere Quadrat an der senkrechten Diagonalfalte auseinanderschneiden. Auf der Papierrückseite ca. 1 cm breit an den Schnittkanten entlang Klebstoff auftragen und die Blätter leicht angehoben ca. 1 cm entfernt von dem Streifen in die Falten des größeren Quadrates kleben.

3 Die sechs großen Blütenblätter in Weiß jeweils eine Falte überlappend aneinanderkleben und ringförmig schließen. Die Falten sehr eng zusammendrücken, dann an den Blattrundungen auffächern. Die restlichen Blütenblätter in Weiß und die Blütenblätter in Rosa der Größe nach ebenfalls eine Falte überlappend aneinanderkleben, jedoch nicht zum Ring schließen.

4 Das Rechteck für die Rosette zunächst längs in der Mitte falten. Danach quer dazu in acht Falten legen und an der Längsmittelfalte auseinanderschneiden. Die beiden Faltenbänder eine Falte überlappend aneinanderkleben, ringförmig schließen und strahlenförmig flach ausgebreitet mit etwas Heißkleber auf den Kreis aus Fotokarton kleben. Die Mitte eng zusammenschieben.

5 Jetzt auf die Falten der Rosette UHU extra geben und die Falten der großen Blütenblätter gleichmäßig darin verteilen, zur Mitte schieben und einige Minuten halten. Nun die restlichen Blütenblätter auf der Rückseite der unteren Kante nach und nach mit Klebstoff einstreichen und auf die Falten der ersten Blüte kleben. Am Ende die Blätter in Rosa spiralförmig eindrehen.

6 Halten Sie nun beide Hände kuppelartig über die Blütenblätter und drücken Sie sie behutsam nach unten und zur Mitte, bis sie sich nicht mehr ausdehnen. Die Blüte mit der Rosette auf die Mitte der karierten Blätter kleben.

Orange Blumenrosetten

die kräftigen Farben sieht man schon von Weitem

VORAUSSETZUNG
Fächerfaltung Quadrat diagonal
Fächerfaltung Rechteck

MATERIAL
BLÜTE RECHTS OBEN
* Transparentpapier extrastark in Orange und 2 x Weiß, je A4
* Fotokartonrest in Weiß
* Nylonfaden

ZUSCHNITT
BLÜTENBLÄTTER
* 4 Quadrate in Orange, 10 cm x 10 cm
* 4 Quadrate in Weiß, 10 cm x 10 cm

ROSETTEN
* Rechteck in Weiß, 6 cm x 15 cm
* Rechteck in Orange, 4 cm x 22 cm
* 2 Kreise aus Fotokarton, ø 3 cm

Hinweis: Die Materialangaben beziehen sich auf die Blüte rechts oben. Auch Papiere mit Blasenmuster sehen sehr schön aus. Sie können die Farben beliebig kombinieren.

1 Die Rechtecke für die Rosetten zunächst längs in der Mitte falten, danach quer dazu in 16 Falten legen und an der Längsmittelfalte auseinanderschneiden. Die vier Faltenbänder eine Falte überlappend jeweils ringförmig zusammenkleben (je 15 Falten) und zum Trocknen zur Seite legen. Die zwei Kreise aus Fotokarton aufeinanderkleben.

2 Die Quadrate von der Papiervorderseite aus beginnend diagonal in acht Falten legen, an den Seiten jeweils die kleinste Falte abschneiden und an der senkrechten Diagonalfalte auseinanderschneiden. Nun zwei Mal je acht Blütenblätter der gleichen Farbe jeweils eine Falte überlappend aneinanderkleben, ringförmig schließen und kurz antrocknen lassen.

3 Dann die beiden entstandenen Kronen Rückseite auf Rückseite und Falte auf Falte um ein halbes Blütenblatt versetzt aufeinanderkleben. Es genügt, wenn Sie nur an den unteren Kanten ca. 2 cm breit Klebstoff auftragen. Sofort die Falten sehr eng zusammendrücken, dann an den Blattspitzen auffächern.

4 Nun einen der vorbereiteten Rosettenringe in Weiß strahlenförmig flach ausbreiten und den doppelten Kreis aus Fotokarton mittig mit UHU extra aufkleben. Wenden, die Falten zur Mitte schieben und halten bis sie sich nicht mehr ausdehnen.

5 Die Rosette wieder wenden und um den Kreis herum Klebstoff auf die Falten geben. Die Falten der Blütenblätter gleichmäßig darauf verteilen und bis an den Kreis heranschieben.

6 Die Falten der Blütenblätter um den Kreis herum und die Kreismitte ebenfalls mit Klebstoff einstreichen und mittig die zweite Rosette in Weiß aufkleben und antrocknen lassen.

7 Die beiden Rosetten in Orange Falte auf Falte auf die weißen Rosetten auf beiden Seiten der Blüte kleben und den äußeren Rand leicht anheben. Während der Trocknungszeit von einigen Minuten immer wieder nachformen. Zum Schluss an einer Blattspitze mit einer Nadel ein kleines Loch stechen und den Nylonfaden anknoten.

Spiegel mit bunten Rosetten

in frühlingshaften Farben

VORAUSSETZUNG
Fächerfaltung Rechteck
Fächerfaltung Quadrat diagonal

MATERIAL
* Transparentpapier extrastark in Rosa kariert, Weiß geblümt und Grün, je A4 (Set „Rosalie")
* Fotokartonrest in Weiß
* Spiegel, ø 30 cm
* Aufhänger
* Glanzkarton in Weiß, 30 cm x 30 cm
* 6 Strasssteine in Hellgrün, ø 8 mm
* 6 Strasssteine in Pink, ø 8 mm
* transparentes Doppelklebeband, 6 mm breit

ZUSCHNITT ROSETTEN
* 3 Rechtecke in Rosakariert, 5 cm x 21 cm
* 3 Rechtecke in Weiß geblümt, 5 cm x 21 cm
* 12 Kreise aus Fotokarton, ø 2 cm

BLÄTTER IN GRÜN
* 3 Quadrate in Grün, 8 cm x 8 cm

1 Aus dem Glanzkarton einen Rahmen ausschneiden, äußerer Durchmesser 29,6 cm, innerer Durchmesser 19 cm. Mit strahlenförmig angeordneten Streifen aus Doppelklebeband auf dem Spiegel befestigen. Die Rechtecke zunächst der Länge nach in der Mitte falten, dann quer dazu in 16 Falten legen und an der Längsmittelfalte auseinanderschneiden.

2 Die Faltenbänder eine Falte überlappend jeweils ringförmig zusammenkleben, etwas antrocknen lassen und strahlenförmig flach ausgebreitet mit etwas Heißkleber auf die zwölf Kreise kleben. Die Mitten eng zusammenschieben und die Falten gleichmäßig verteilen, solange der Kleber heiß ist. Auf den Rosettenmitten die Strasssteine mit UHU extra befestigen. Die Rosetten wie abgebildet auf den weißen Rahmen kleben.

3 Die Quadrate für die Blätter zunächst kreuz und quer in der Mitte falten (Abb. 1). Anschließend gemäß Basisanleitung diagonal in acht Falten legen und an den Kreuzungsfalten in vier kleine Quadrate teilen (Abb. 2). Diese eng zusammenfalten und in der Mitte knicken. Zwischen den Rosetten auf dem Rahmen befestigen.

ABB. 1

ABB. 2

Hinweis: **Achten Sie darauf, die Rosetten in sehr gleichmäßigen Abständen voneinander aufzukleben, damit sich später zusammen mit den Blättern ein harmonisches Bild ergibt. Verteilen Sie die fertigen Rosetten dafür zunächst ohne Klebstoff auf dem Rahmen und verwenden Sie UHU extra zum Befestigen. So können Sie die Abstände noch einige Minuten nachkorrigieren.**

Bunte Blumen zum Stecken

holen Sie sich den Garten ins Haus!

VORAUSSETZUNG
Fächerfaltung Rechteck
Fächerfaltung Quadrat diagonal

MATERIAL

* Transparentpapier extrastark in Weiß-Bunt, Gelb und 2 x Grün, je A4 (Set „Jasmin")
* Fotokartonrest in Weiß
* 4 Holzstäbchen mit Spitze, ø 3 mm, 20 cm lang
* Holzperle in Gelb und Grün, ø 8 mm

ZUSCHNITT FÜR VIER STECKER

ROSETTEN

* Rechteck in Gelb, 6 cm x 30 cm
* Rechteck in Weiß-Bunt, 4 cm x 25 cm
* Rechteck in Weiß-Bunt, 7 cm x 30 cm
* Rechteck in Gelb, 4 cm x 25 cm
* 4 Kreise in Gelb, ø 2 cm
* 4 Kreise aus Fotokarton, ø 2 cm

BLÄTTER

* 4 Quadrate in Grün, 15 cm x 15 cm,
* 4 Streifen in Grün, 1 cm x 4 cm

1 Die Kreise in Gelb auf die Kreise aus Fotokarton kleben, damit die Blumen später eine schöne Rückseite haben. Die Rechtecke jeweils der Länge nach in der Mitte falten, quer dazu in 16 Falten legen und an der Längsmittelfalte auseinanderschneiden. Die Faltenbänder eine Falte überlappend jeweils ringförmig zusammenkleben und etwas antrocknen lassen.

2 Strahlenförmig flach ausgebreitet zunächst die vier größeren Rosettenringe mit etwas Heißkleber auf die weiße Seite der Kreise kleben. Die Mitten eng zusammenschieben und die Falten gleichmäßig verteilen, solange der Kleber heiß ist. Danach um die Mitten herum UHU extra auftragen, die kleineren Rosettenringe Falte auf Falte aufkleben und die Ränder anheben. Die Holzperlen halbieren und je eine Hälfte auf den Rosettenmitten befestigen.

3 Für die Blätter die Quadrate von der Papiervorderseite aus beginnend diagonal in acht Falten legen, seitlich die kleinsten Falten abschneiden und an der Diagonalfalte auseinanderschneiden. Eine Falte überlappend je zwei Blätter aneinanderkleben.

4 Die Holzstäbchen mit der stumpfen Seite in eine Tal-Falte der Rosettenrückseite kleben. Ca. 9 cm unterhalb der Rosetten die Stäbchen in die Verbindungsfalte der Blätter kleben und die Falten an den unteren Blattkanten eng zusammendrücken. Den Streifen um das untere Ende der Blätter winden und festkleben.

Hinweise: Werden die Blumenstecker in Balkonkästen verwendet, achten Sie bitte darauf, sie bei Regen hereinzuholen, da das verwendete Papier nicht wasserfest ist.

Perlen können Sie leicht halbieren, indem Sie sie auf eine Schneidematte legen, die Spitze einer Schere in das Perlenloch stecken, die Scherenhälfte senkrecht halten und mit der Hand kräftig auf den Griff schlagen.

Zauberhaftes Blütenlicht

Tischlicht für viele Gelegenheiten

VORAUSSETZUNG
Fächerfaltung Rechteck

MATERIAL
* Transparentpapier extrastark in Hellblau, Weiß und Hellblau mit Ornamenten, je 50 cm x 70 cm
* Fotokartonrest in Weiß
* 19 Strasssteine in Blau, ø 8 mm
* Glasteelicht, ø 4,5 cm, 2,5 cm hoch

ZUSCHNITT
* 3 Rechtecke in Hellblau mit Ornamenten, 15 cm x 30 cm
* 3 Rechtecke in Weiß, 15 cm x 30 cm
* 6 Rechtecke in Hellblau, 12 cm x 15 cm
* 6 Rechtecke in Weiß, 12 cm x 15 cm
* 3 Rechtecke in Hellblau mit Ornamenten, 10 cm x 15 cm
* 3 Rechtecke in Weiß, 10 cm x 15 cm
* 2 Kreise aus Fotokarton in Weiß, ø 6 cm
* Kreis in Hellblau mit Ornamenten, ø 6 cm

1 Die großen Rechtecke in Hellblau mit Ornamenten und in Weiß von der Papiervorderseite aus beginnend in 16 Falten, alle anderen Rechtecke in acht Falten legen. Die Blattformen an den Faltenbändern mit 12 cm langen Falten spitz zulaufend schneiden, alle anderen Blätter rund zuschneiden. Die 15 cm langen Blätter abwechselnd in Hellblau mit Ornamenten und in Weiß jeweils vier Falten überlappend aneinanderkleben und ringförmig schließen.

2 Anschließend mit der Papierrückseite nach oben strahlenförmig flach ausbreiten, die Mitte eng zusammenschieben und einen Kreis aus Fotokarton darauf befestigen. Einige Minuten festhalten, danach die Blüte vorsichtig umdrehen, sodass die Papiervorderseite oben liegt.

3 Den Kreis in Hellblau mit Ornamenten auf den zweiten Kreis aus Fotokarton kleben. Am Kreisrand die Strasssteine befestigen und den Kreis auf die Mitte der Blüte kleben.

4 Nun die 12 cm langen Blätter in Hellblau auf der Rückseite der unteren Kante mit UHU extra einstreichen. Die Blattfalten jeweils etwas zusammendrücken und die Blätter schräg angehoben am Kreisrand Falte auf Falte über die mittleren acht Falten der Basis-Blütenblätter kleben. Die Falten eng an den Kreis schieben, möglichst etwas darunter.

5 Die 12 cm langen Blätter in Weiß auf die gleiche Weise (seitlich jeweils zwei Falten der hellblauen Blätter überlappend) befestigen. Die 10 cm langen Blätter in Hellblau und Weiß entsprechend abwechselnd etwas steiler darüber befestigen. Während der nächsten Minuten immer wieder die Form kontrollieren und gegebenenfalls korrigieren.

6 Das Glasteelicht einsetzen, die Kerze anzünden und den Lohn der Bastelarbeit genießen.

Hinweis: Der Teelichthalter ist leichter anzufertigen als es auf den ersten Blick vielleicht erscheint. Trauen Sie sich und probieren Sie es einfach aus!

Die Facettenperlen fangen das Licht ein und verleihen Lebendigkeit.

Beim Kleben überlappen sich die Blütenblätter immer mit genau einer Falte.

Das exakte Aneinandersetzen der Blätter unter dem Kreis ist wichtig.

Fensterkette

schlichte Blüten in zarten Pastelltönen

VORAUSSETZUNG
Fächerfaltung Rechteck

MATERIAL

* Transparentpapier extrastark in Gelb mit Ornamenten, Rosa mit Ornamenten und Grün mit Ornamenten, je 30 cm x 30 cm
* dünne Kordel in Weiß, 70 cm lang
* Fotokartonrest in Weiß
* 4 Glasperlen gefrostet in Gelb, ø 7 mm
* 2 Facettenperlen klar, ø 8 mm

ZUSCHNITT

* 6 Rechtecke in Gelb, 6 cm x 12 cm
* 6 Rechtecke in Rosa, 6 cm x 12 cm
* 6 Rechtecke in Grün, 6 cm x 12 cm
* 6 Kreise in Gelb, ø 3 cm
* 6 Kreise aus Fotokarton, ø 3 cm
* 3 Kordel-Abschnitte, 40 cm und 2 x 17 cm lang

1 Die Kreise in Gelb auf die Kreise aus Fotokarton kleben. Alle Rechtecke von der Papiervorderseite aus beginnend in acht Falten legen und die Blattformen rund schneiden. Dreimal sechs Blütenblätter in abwechselnden Farben jeweils eine Falte überlappend aneinanderkleben und ringförmig schließen.

2 Die Falten zunächst sehr eng zusammenfalten, dann an den Blattrundungen auffächern. Strahlenförmig flach ausgebreitet mittig auf die weiße Seite eines der Kreise kleben. Einige Minuten festhalten und den zweiten Kreis auf der Oberseite befestigen.

3 Auf die beiden kürzeren Kordel-Abschnitte die Perlen auffädeln, in der Mitte platzieren und die Kordel oberhalb und unterhalb der Perlen verknoten. Die Kordelenden jeweils in einer Tal-Falte auf der Rückseite der Blüten festkleben.

4 Den 40 cm langen Kordelabschnitt an einem Ende zu einer Aufhängeschlaufe verknoten und das andere Ende in der obersten Talfalte der oberen Blüte einkleben.

Prächtige Fensterblüte

eine vielschichtige Arbeit, die beeindruckt

VORAUSSETZUNG
Fächerfaltung Rechteck

MATERIAL

* Transparentpapier extrastark in 4 x Weiß geblümt und 6 x Rosa, je A4 (Set „Rosalie")
* Fotokartonrest in Weiß
* Nylonfaden

ZUSCHNITT

BLÄTTER IN WEISS GEBLÜMT

* 6 Rechtecke, 15 cm x 20 cm
* 3 Rechtecke, 5 cm x 15 cm

BLÄTTER IN ROSA

* 3 Rechtecke, 15 cm x 20 cm
* 3 Rechtecke, 12 cm x 13 cm
* 3 Rechtecke, 5 cm x 15 cm

ROSETTE IN ROSA

* Rechteck, 4 cm x 10 cm
* Rechteck, 3 cm x 8 cm
* 2 Kreise aus Fotokarton, ø 4 cm und 5 cm

1 Die Rechtecke für die Blütenblätter in je acht Falten legen. Die sechs großen geblümten Faltenbänder zur Seite legen. Die anderen Faltenbänder in Stücke mit je vier Falten teilen, sodass von jeder Größe sechs Stück vorhanden sind. Anschließend die Blattformen schneiden, bei den langen Blättern in Rosa spitz zulaufend, bei allen anderen rund.

2 Die Rechtecke für die Rosette zunächst der Länge nach in der Mitte falten. Dann quer dazu in acht Falten legen und an den Längsmittelfalten auseinanderschneiden. Je zwei gleich breite Faltenbänder eine Falte überlappend aneinanderkleben und ringförmig schließen (14 Falten).

3 Nun für die Basis-Blüte sechs Mal abwechselnd ein großes geblümtes Blütenblatt und ein 15 cm langes Blütenblatt in Rosa jeweils eine Falte überlappend zu einem langen Faltenband zusammenkleben und ringförmig schließen. Einige Minuten trocknen lassen.

4 Dann strahlenförmig flach ausgebreitet mit der Papiervorderseite nach oben auf den Kreis, ø 5 cm, kleben, festhalten und immer wieder zur Mitte schieben, bis sich die Falten nicht mehr so stark ausdehnen. Nun den zweiten Kreis aus Fotokarton auf der Oberseite befestigen. Evtl. mit einem kleinen Briefbeschwerer oder einem Glas beschweren und trocknen lassen.

5 Jetzt die 12 cm langen Blütenblätter in Rosa auf der Rückseite der unteren Kanten ca. 2 cm breit mit Klebstoff einstreichen und leicht schräg angehoben Falte auf Falte über die vier mittleren Falten der geblümten Blätter der Basis-Blüte kleben. Darauf in gleicher Weise die 5 cm langen Blätter in Rosa befestigen.

6 Die 5 cm langen geblümten Blätter zwischen den rosafarbenen einkleben. Die Blütenblätter sehr nahe an den Kreis aus Fotokarton schieben, möglichst etwas darunter.

7 Nun die Rosettenringe nacheinander strahlenförmig ausgebreitet auf den Kreis aus Fotokarton kleben, den kleineren am Rand etwas anheben. Während der Trocknungszeit immer wieder zur Mitte schieben. Zum Schluss mit einer Nadel an einer Blattspitze ein kleines Loch stechen und den Nylonfaden anknoten.

Kunterbuntes Mobile

ein besonders schöner Raumschmuck

VORAUSSETZUNG
Fächerfaltung Rechteck
Fächerfaltung Kreis

MATERIAL
* Transparentpapier extrastark in Grün, Gelb, 4 x Weiß-Bunt und 2 x Rot mit weißen Tupfen, A4
* 2 Mobile-Bogen aus Metall, ca. 17,5 cm x 9 cm und 9 cm x 4,5 cm
* Nylonfaden

ZUSCHNITT
BLÜTENBLÄTTER
* 4 Rechtecke in Weiß-Bunt, 18 cm x 30 cm
* 12 Kreise in Rot mit weißen Tupfen, ø 6 cm
* 6 Kreise in Grün, ø 6 cm
* 6 Kreise in Gelb, ø 6 cm Blütenmitte
* 8 Kreise in Weiß-Bunt, ø 2,6 cm
* 8 Kreise aus Fotokarton, ø 2,6 cm

BLÜTENMITTE
* 8 Kreise in Weiß-Bunt, ø 2,6 cm
* 8 Kreise aus Fotokarton, ø 2,6 cm

1 Die Kreise für die Blütenmitte in Weiß-Bunt auf die Kreise aus Fotokarton kleben und zur Seite legen.

2 Die vier Rechtecke längs in drei 6 cm breite Streifen markieren, quer dazu in 16 Falten legen und an den Markierungen auseinanderschneiden. Die drei Faltenbänder in je zwei Stück mit acht Falten teilen. So erhalten Sie mit einer Faltung sechs Blätter. Danach die Blattformen rund schneiden und pro Blüte sechs Blätter jeweils drei Falten überlappend aneinanderkleben und ringförmig schließen.

3 Die Falten zunächst sehr eng zusammenfalten, dann an den Rundungen auffächern und strahlenförmig flach ausgebreitet auf die weiße Seite eines der vorbereiteten Kreise kleben. Einige Minuten festhalten und immer wieder zur Mitte schieben, bis sich die Falten nicht mehr so stark ausdehnen. Auf der Oberseite ebenfalls einen Kreis befestigen und trocknen lassen.

4 Nun jeweils die Hälfte der Kreise einer Farbe für die kleinen Blütenblätter von der Papierrückseite aus in vier Falten legen. Dafür Schritt 3 der Basisanleitung (siehe hintere Umschlagklappe) bereits mit vier Flächen ausführen. An der senkrechten Falte auseinanderschneiden. Auf der Rückseite von sechs gleichfarbigen Blättern an der Schnittkante entlang ca. 1 cm breit Klebstoff auftragen. Auf der Vorderseite der Basis-Blüte Falte auf Falte über die vier kürzesten Falten zwischen zwei Blütenblättern kleben.

5 Die andere Hälfte der Kreise von der Papiervorderseite aus ebenfalls in vier Falten legen und an der senkrechten Falte auseinanderschneiden. Die Blätter wie in Schritt 4 beschrieben auf der Rückseite befestigen. Die kleinen Blätter an den Rundungen von der Basis-Blüte wegdehnen. Während der Trocknungszeit immer wieder auf Gleichmäßigkeit kontrollieren.

6 Zum Schluss mit einer Nadel jeweils an einer Blattspitze ein kleines Loch stechen und den Nylonfaden anknoten. Die Blüten mit den Nylonfäden an den Enden der Metallbogen befestigen, die zwei Bogen mit einem weiteren Nylonfaden miteinander verbinden.

Hinweis: Wählen Sie die Fadenlänge nicht zu kurz aus, da das Mobile sich sonst nicht richtig bewegen kann.

Gestreifte Fensterblume

Faltung und Muster ergeben faszinierende Effekte

VORAUSSETZUNG
Fächerfaltung Quadrat diagonal
Fächerfaltung Rechteck

MATERIAL

- Transparentpapier extrastark in Blau gestreift, 50 cm x 70 cm, Weiß, A4 und Rest in Hellblau
- Fotokartonrest in Weiß
- Nylonfaden

ZUSCHNITT

BLÜTENBLÄTTER

- 4 Quadrate gestreift, 20 cm x 20 cm
- 4 Quadrate gestreift, 10 cm x 10 cm
- 4 Quadrate in Weiß, 10 cm x 10 cm

ROSETTE

- Rechteck gestreift, 2,5 cm x 20 cm
- Rechteck in Hellblau, 3 cm x 30 cm
- Kreis aus Fotokarton, ø 6 cm

1 Die großen Quadrate von der Papiervorderseite aus beginnend diagonal in 16 Falten legen und an den seitlichen Spitzen jeweils die kleinste Falte abschneiden. Die kleineren Quadrate von der Papierrückseite aus beginnend diagonal in acht Falten legen und an den seitlichen Spitzen eine halbe Falte abschneiden. Alle Quadrate an der senkrechten Diagonalfalte auseinanderschneiden.

2 Die großen Blütenblätter sieben Falten überlappend aneinanderkleben und ringförmig schließen. Die Falten zunächst sehr eng zusammenfalten, dann die Blätter auffächern. Strahlenförmig flach ausgebreitet auf den Kreis aus Fotokarton kleben. Die Falten zur Mitte schieben und einige Minuten festhalten, bis sie sich nicht mehr so stark ausdehnen.

3 Während der Trocknungszeit die Rechtecke für die Rosetten in 16 Falten legen. Die Faltenbänder eine Falte überlappend jeweils ringförmig zusammenkleben (15 Falten) und zum Trocknen zur Seite legen.

4 Nun die acht kleineren gestreiften Blütenblätter auf der Rückseite der unteren Kanten ca. 2 cm breit mit Klebstoff einstreichen. Im Durchmesser von ca. 5 cm um die Mitte der Basis-Blüte herum leicht angehoben festkleben. Dabei die sieben Falten über den zwei mittleren Falten der großen Blätter der Basis-Blüte verteilen. Die weißen Blütenblätter in gleicher Weise dazwischen über den kürzesten Falten befestigen.

5 Jetzt zuerst die Rosette in Hellblau, danach die gestreifte Rosette in die Mitte kleben und den Rand etwas anheben. Während der Trocknungszeit die Falten immer wieder zur Mitte schieben, bis sich die Falten nicht mehr ausdehnen. Zum Schluss mit einer Nadel an einer Blattspitze ein kleines Loch stechen und den Nylonfaden anknoten.

Kleine Fensterblüten

hier sind viele Varianten möglich

VORAUSSETZUNG
Fächerfaltung Rechteck

MATERIAL
FÜR ZWEI BLÜTEN

* Transparentpapier extrastark in Weiß geblümt und Rosa oder Grün bzw. Rosa-Weiß kariert und Grün, je 2 x A4 (Set „Rosalie“)
* Fotokartonrest in Weiß
* Nylonfaden

ZUSCHNITT FÜR
BLÜTENBLÄTTER

* 6 Rechtecke in Weiß geblümt, 7 cm x 15 cm
* 6 Rechtecke in Rosa oder Grün, 7 cm x 15 cm

ZUSCHNITTVARIANTE

* 6 Rechtecke in Weiß geblümt oder Rosa-Weiß kariert, 7 cm x 15 cm
* 3 Rechtecke in Grün oder Rosa, 7 cm x 15 cm

ROSETTEN

* 4 Rechtecke in Weiß geblümt, Rosa oder Grün, 3 cm x 8 cm
* 4 Kreise aus Fotokarton, ø 3 cm

1 Die Rechtecke für die Rosetten längs in der Mitte falten und quer dazu in acht Falten legen. An der Längsmittelfalte auseinanderschneiden und eine Falte überlappend jeweils zwei Faltenbänder aneinanderkleben und ringförmig schließen.

2 Strahlenförmig flach ausgebreitet mit etwas Heißkleber auf die Kreise kleben. Die Falten zur Mitte schieben und gleichmäßig verteilen, solange der Kleber noch heiß ist.

3 Die Rechtecke für die Blüten in acht Falten legen. Die Faltenbänder in je zwei Stücke mit vier Falten bzw. in je vier Stücke mit zwei Falten teilen. Die Blattformen an je sechs Stücken gleicher Farbe rund oder spitz zulaufend schneiden.

4 Nun für eine Blüte je sechs Blütenblätter in zwei verschiedenen Farben abwechselnd eine Falte überlappend aneinanderkleben und ringförmig schließen. Achten Sie bei den Überlappungen darauf, dass immer die gleichen Farben oben liegen.

5 Die Falten zunächst sehr eng zusammenfalten, dann an den Blattrundungen auffächern. Strahlenförmig flach ausbreiten und mit UHU extra eine Rosette auf der Mitte befestigen. Die Falten während der nächsten Minuten immer wieder zur Mitte schieben und gleichmäßig verteilen.

6 Zum Schluss die Blüte umdrehen und auf der anderen Seite ebenfalls eine Rosette aufkleben. Mit einer Nadel an einer Blattspitze ein kleines Loch stechen und den Nylonfaden anknoten.

Tischlicht mit Rosetten und Strass

stimmungsvolle Tischdeko

VORAUSSETZUNG
Fächerfaltung Rechteck

MATERIAL
* Transparentpapier extrastark in Grün-Bunt, A4
* Transparentpapier extrastark in Gelb und Orange, A5
* 4 Strasssteine in Dunkelgrün, ø 8 mm
* 2 Strasssteine in Gelb, ø 8 mm
* 2 Strasssteine in Orange, ø 8 mm
* Papierdraht in Dunkelgrün und Gelb, je 40 cm lang
* transparentes Doppelklebeband, 6 mm breit
* Glas, ø unten 6,5 cm, ø oben 14 cm, 13 cm hoch
* passende Schwimmkerze

ZUSCHNITT
* 2 Rechtecke in Grün-Bunt, 5 cm x 21 cm
* Rechteck in Gelb, 5 cm x 21 cm
* Rechteck in Orange, 5 cm x 21 cm
* 8 Kreise aus Fotokarton, ø 1,8 cm
* 4 Kreise in Grün-Bunt, ø 1,8 cm
* 2 Kreise in Gelb, ø 1,8 cm
* 2 Kreise in Orange, ø 1,8 cm

1 Die kleinen Kreise aus Transparentpapier auf die Kreise aus Fotokarton kleben und zum Trocknen zur Seite legen.

2 Die Rechtecke längs in der Mitte falten und quer dazu von der Papiervorderseite aus in 16 Falten legen. An den Längsmittelfalten auseinanderschneiden und eine Falte überlappend jeweils ringförmig zusammenkleben.

3 Die Falten mit der Papierrückseite nach oben strahlenförmig flach ausbreiten. Auf die weiße Seite der vorbereiteten Kreise etwas Heißkleber geben und farblich passend mittig auf die Rosette kleben. Die Mitte sehr eng zusammenschieben und die Falten gleichmäßig verteilen.

4 Auf der Vorderseite der Rosetten die Strasssteine mit UHU extra befestigen. Die fertigen Rosetten mit transparentem Doppelklebeband am Glas anbringen.

5 Von dem Papierdraht jeweils vier 8 cm lange Stücke abschneiden und blattförmig biegen. Die Enden aneinanderlegen, mit etwas transparentem Doppelklebeband umwickeln und in die Falten der einfarbigen Rosetten einkleben.

6 Das Glas mit Wasser füllen und die Schwimmkerze hineinsetzen.

Mein Tipp für Sie

Praktisch Wenn Sie das Tischlicht draußen verwenden, können Sie auch ein Mückenlicht hineinstellen – so haben Sie nicht nur eine stimmungsvolle Abendbeleuchtung, sondern auch Schutz vor stechenden Plagegeistern.

Bunt gemusterte Blüten

machen jeden Raum ein bisschen fröhlicher

VORAUSSETZUNG
Fächerfaltung Rechteck

MATERIAL
* Transparentpapier extrastark in je 3 x Weiß-Bunt und Rot mit weißen Tupfen, je A4 (Set „Jasmin")
* Fotokartonrest in Weiß
* Nylonfaden

ZUSCHNITT FÜR SIEBEN BLÜTEN
* 3 Rechtecke in Weiß-Bunt, 18 cm x 30 cm
* 3 Rechtecke in Rot mit weißen Tupfen, 18 cm x 30 cm
* 14 Kreise aus Fotokarton, ø 2,6 cm
* 14 Kreise in Rot mit weißen Tupfen bzw. Weiß-Bunt, ø 2,6 cm

1 Die Kreise in Weiß-Bunt und Rot mit weißen Tupfen auf die Kreise aus Fotokarton kleben und zur Seite legen. Die Rechtecke längs in drei 6 cm breite Streifen markieren, quer dazu in 16 Falten legen und an den Markierungslinien auseinanderschneiden. Die drei Faltenbänder in je vier Stücke mit vier Falten teilen. So erhalten Sie mit einer Faltung zwölf Blätter.

2 Danach die Blattformen rund schneiden und pro Blüte fünf Mal abwechselnd Blütenblätter in Weiß-Bunt und Rot mit weißen Tupfen jeweils eine Falte überlappend aneinanderkleben und ringförmig schließen. (Bei sieben Blüten bleibt von jeder Farbe ein Blatt übrig.)

3 Die Falten zunächst sehr eng zusammenfalten, dann an den Rundungen auffächern und strahlenförmig flach ausgebreitet auf die weiße Seite eines der vorbereiteten Kreise kleben. Einige Minuten festhalten und immer wieder zur Mitte schieben bis sich die Falten nicht mehr so stark ausdehnen. Auf der Oberseite ebenfalls einen Kreis befestigen.

4 Mit einer Nadel an einer Blattspitze ein kleines Loch stechen und den Nylonfaden anknoten.

Mein Tipp für Sie

Mobile bauen Wählen Sie als Aufhängung für die Blüten z. B. einige knorrige Äste aus und platzieren Sie diese frei schwebend im Raum.

Margarete Vogelbacher beschäftigt sich seit ihrer Jugend mit verschiedenen Bastel- und Handarbeitstechniken. In den letzten Jahren hat sich der kreative Umgang mit Papier zum Lieblingsthema herauskristallisiert. Sie entwickelte eine eigene Methode, um Papier in sehr exakte Falten zu legen, und stellt diese seit 2003 in mehreren erfolgreichen Büchern vor.
Um ihre Begeisterung für die vielseitig anwendbare und doch leicht zu lernende Technik weiterzugeben, leitet sie mehrmals im Jahr Kurse und präsentiert ihre Arbeiten bei Hobby-Ausstellungen und auf Kreativ-Märkten. Zum Thema Quilling, dem kunstvollen Drehen von Papierstreifen, sind ebenfalls mehrere Bücher von ihr erschienen.

DANKE!

Ich danke meinem Mann Rudi ganz herzlich für die Anfertiung der Schrittfotos.
Vielen Dank an die Firma Bähr für die freundliche Bereitstellung von Papieren.

IMPRESSUM

FOTOS: frechverlag GmbH, Stuttgart; Rudi Vogelbacher (Arbeitsschrittfotos); lichtpunkt, Michael Ruder, Stuttgart (alle anderen)
PRODUKTMANAGEMENT: Monique Rahner
LEKTORAT: Beeke Heller und Monique Rahner
GESTALTUNG: Sophia Höpfner
DRUCK: Sachsendruck Plauen GmbH, Plauen PRINTED IN GERMANY

Auflage:	5.	4.	3.	2.	1.
Jahr:	2017	2016	2015	2014	2013 [Letzte Zahlen maßgebend]

ISBN 978-3-7724-4020-5 • Best.-Nr. 4020